PRIÈRES ET INVOCATIONS MAGIQUES EN MALGACHE SUD-ORIENTAL

TRANSCRITES, TRADUITES ET ANNOTÉES
D'APRÈS LE MANUSCRIT 8 DE LA BIBLIOTHÈQUE NATIONALE

PAR

GABRIEL FERRAND
CONSUL DE FRANCE

(Extrait du tome II des *Actes du XIVe Congrès International des Orientalistes*)

PARIS
ERNEST LEROUX, ÉDITEUR
28, RUE BONAPARTE, VIe

1906

PRIÈRES ET INVOCATIONS MAGIQUES
EN MALGACHE SUD-ORIENTAL

TRANSCRITES, TRADUITES ET ANNOTÉES
D'APRÈS LE MANUSCRIT 8 DE LA BIBLIOTHÈQUE NATIONALE

PAR

GABRIEL FERRAND
CONSUL DE FRANCE

(Extrait du tome II des *Actes du XIVe Congrès International des Orientalistes*)

PARIS
ERNEST LEROUX, ÉDITEUR
28, RUE BONAPARTE, VIe

1906

PRIÈRES ET INVOCATIONS MAGIQUES
EN MALGACHE SUD-ORIENTAL

TRANSCRITES, TRADUITES ET ANNOTÉES

D'APRÈS LE MANUSCRIT 8 DE LA BIBLIOTHÈQUE NATIONALE

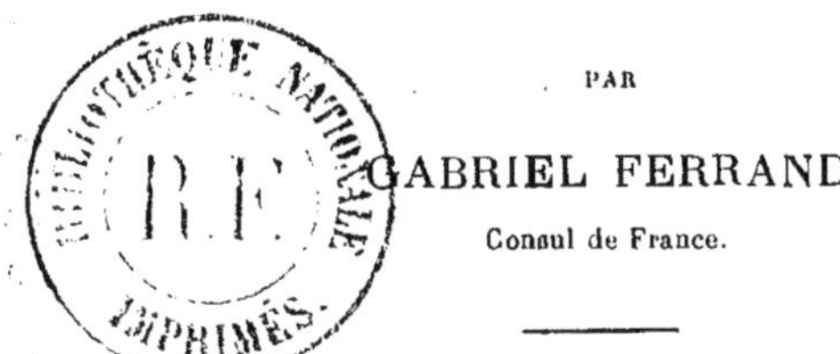

PAR

GABRIEL FERRAND

Consul de France.

Les textes qui suivent sont extraits du ms. 8 du fonds arabico-malgache de la Bibliothèque Nationale [1]. D'après une note de Langlès datée du 24 mai 1793, ce manuscrit aurait été apporté en France vers 1742 [2]. Sa rédaction n'est donc pas postérieure à la fin du XVIIe siècle ou aux premières années du XVIIIe. Il est impossible de préciser davantage son ancienneté en l'absence de toute indication chronologique. Les compositions indigènes ne sont jamais datées ni signées et la langue ancienne n'est pas encore suffisamment connue pour que l'âge des mots ait pu être fixé avec quelque certitude. La publication que j'ai entreprise des manuscrits arabico-malgaches de la Bibliothèque Nationale tend justement à combler cette lacune : après

1. On trouvera une description détaillée et un fac-simile du ms. 8 dans les *Notices et Extraits*, t. XXXVIII, 1904, p. 456 et suiv. in G. Ferrand, *Un texte arabico-malgache du XVIe siècle, transcrit, traduit et annoté d'après les mss. 7 et 8 de la Bibl. Nat.*

2. La note manuscrite de Langlès a été publiée dans l'ouvrage indiqué à la note précédente.

avoir été transcrits et traduits, ces textes seront l'objet d'une étude philologique spéciale.

Les cinq textes suivants se composent de quatre prières à Dieu lui demandant particulièrement de protéger l'orant contre ses ennemis, et d'une incantation destinée à préserver les rizières des ravages causés par les sauterelles. La graphie de ces compositions est d'une très mauvaise facture. Les ف et غ médians, par exemple, sont fréquemment écrits l'un pour l'autre : مَغَنَ *mafana*, مَفَنُ *mañanu*. Ces textes sont bilingues, arabe et malgache.

On trouvera en note le texte arabe toutes les fois que le texte malgache est obscur ou intraduisible. La traduction française est absolument littérale et reproduit aussi fidèlement que possible l'incohérence de ces compositions indigènes.

Une traduction plus littéraire de ces textes anciens eût été, du reste, toujours dangereuse et souvent inutile. La phrase malgache des dialectes sud-orientaux, par sa brièveté et sa concision, par la pauvreté du fond et de la forme, par ses répétitions fréquentes, serait étrangement transformée par une traduction élégante.

J'ai fait subir à l'alphabet latin en usage à Madagascar, une modification qui s'impose. On transcrit actuellement les phonèmes : *ou* par *o*, *dz* par *j* et *i* final par *y*. J'ai transcrit, au contraire,

ou par *u* au lieu de *o*,
dz — *dz* — *j*,
i final *i* — *y*.

La première de ces modifications est absolument indispensable pour permettre de transcrire par *o* rendu disponible, la voyelle française *o* qui se rencontre fréquemment dans les dialectes orientaux [1]. L'*ñ* représente l'*n*

1. Cf. *mura* en merina, *mora* en dialecte oriental,
fu — *fo* —
vula — *vola* —
Ces mots sont actuellement écrits avec un *o* se prononçant *ou* qui ne permet pas de noter la vocalisation spéciale des dialectes orientaux.

vélaire et l'ã surmonté d'un tilde, le son *an* comme dans *van, antan*. Les lettres sous-ponctuées *ḥ* et *ḳ* sont la transcription du ح et du ق arabes.

I

لسم الله الرحمن الرحيم اللهم

اُظُغَّكُ اَقَّفَلِوْ اَبِنِه[1] اِيَع حَسَذِ فَحَسَذِ اَه اَوِ (Folio 29 verso) *
اَلَيْنَوْ ظَبِكُ حَسَذِ اِيَغِ اُفَّحَسَذ اِه اَوِ * اَمَا ذُعَا اِيَغِ اُفَّوغِرّ
اَه اَوَ * اَمَا اَلَيْنَوْ اَبِكُ اُفَّوغِرّ اَمَا هَلَوِرُ ظَبِكُ سِرَّايَغِ
مِظَعَهَرَاَتِيَّا[2] اَه اَوِ * اَوْ اَرَتَّغُنِع رَتِ اَه اَوِ * اَوْ اَلِ نِيْ رَتِ اَه
اَوِ * اَوْ فَرَّسِيْ اَه رَتِ اَوِ * اَوْ وُلَغِ رَتِ اَه اَوِ * (folio 30 recto)
اَوْ فَرَّظُوْنِه رَتِ اَه اَوِ * اَمَا لَه لَه ظَيْلَ رَتِ فُنَغِ اَه اَوِ * اَوْ
اِعِلِع عِلَغِ رَتِ اَه اَوِ * اَمَا مَنُرَّظُرّ مُلُرّ اَه اَوِ * اَمَا مَنُرَّظُرّ اَه
رَتِ اَوِ * اَوْ مَسَنِه مَغِرِكَرِك اَه رَتِ اَوِ * اَمَا مَغ ظِغِ اَه رَتِ
اَوِ * اَوْ مَرُكَرِّ * اَوْ لَوِتِ * اَوْ نَاعُلُنْ * اَوْ اَرِيَّابَهُوكَ * اَوْ

1. Voir sur le ه final de اَبِنِه, *Un texte arabico-malgache du XVIe siècle*, p. 463, note 1. Il me semble remplir des fonctions identiques à celles du visarga sanskrit.

2. Dans هَرَاَتِيَا *haratsiă* comme dans اظُقُّكُ *tumpuko* (*vide supra* 1re ligne) l'ا est purement orthographique. Dans هَرَاَتِيَا ,اَ est une simple répétition graphique du *fatḥa* précédent.

تِنَوَنِه لَه * أَوْ تِنَوَ[1] نِه وَوِ * أَوْ سِيْكَرِّ * أَوْ يوَوِ[2] ظُبُكَ[3] *
أَوْيوَوِ تِظُبَكَ * أَوَ أُفَّعَلَ اَهِ اَوِ * أَوْ أُفَّعِرِّ اَهِ * أَوْ مَسَيْ اَوِ * أَوَ
أُبِيْ * أَوْ أُتِكِ اَوِ * أَوْ تِغَلَه اَمَا تِغَوَوِ اَوِ * أَوَ أَوْلِ ظَبِه
نُفَّغَلَرِّ[4] اَوِ * أَوْ هِلِفَ اَهِ اَوِ * أَوْ رَهَلَه نِه * أَوْ نَقَوِنِه[5] * أَوَ
يَنَغِ لَه اَوِ * أَوْ يَنَغِ وَوِ اَوِ * أَوْ ظِنرَاتِ اَوِ * أَوْ أَفَّمُظِرِّ فَّظِرِّ
وُلَغَ اَهِ رَتِ اَوِ * أَوْ حَسَذ نِه مِهَنَكَنَغ اَوِ * أَوْ أُفَّمِظَوَّ اَهِ رَتِ
اَوِ * أَوْ أَفَّغُ فَّعْ اَهِ رَتِ اَوِ * أَوْ أُفَّوُنِه اَهِ رَتِ اَوِ * أَوْ حَسَذ
نِه مِمَظُكُرِغ اَهِ رَتِ اَوِ * ظُفَّكُ ظُوَّ (folio 30 verso) نَفَّفُلِيْ
نَوْاِيُ مَسُوْاَرَّ لِهَظِفِمَرِّ ظَنِ نُهُب اِفِظِرِهَنِه * أَمَا أَقَظُوْنَنَوْ
رَسِرَا فِيْلُ أَمَا تِهَهُوَ اَهِ اَوِ * يَهُ مَلَهُ أَلَيْنَوْ ظَبِكُ. ايَع[6] بِلَا
اَوِ * أَيْيَهَنَوْ مِظَرِم ظَرِموْ نَوْ اَهُ أَوّوَغِ اِيُ اَلِيْ اَمَا اَرَّ * يَهُ
أُتِنَوَنَوْ * يَهُ يَنَكَ أُتِنَوَنَوْ * طعك (*sic*) أَيْيَهَنَوْ مَفرَغِ اَهِ

1. Pour أُتِنَوَ.

2. Pour وَيْوَوِ.

3. Pour ظُبُكَ comme à la phrase suivante.

4. Pour ظِبِنُفَّغَلَرِّ *tambin'ompangalatri*.

5. Pour أَنَكَوِنِه. Le ق ne se rencontre généralement que dans les mots d'origine arabe.

6. *Izañi* est orthographié اِيَغِ ,اِيَغَ, et même اِيَغُ.

ظُفَّ هِسَرِبُكُ ظَرِغُونَوْ اَهِكُ * اَمَا وِ لُمِنَوْ اَهُ اِنْتِ وَقَتِ[1]
رَتِ * وَظَعِ نَوْ[2] اَهُ اَمَا اِنْتِ ظَوْ رَتِ * وَطَعِ نَوْ اَمَا اِنْتِ
اُلُسِنْ رَتِ * وَطَعِ نَوْ اَمَا اِنْتِ اَوَلِ رَتِ * وَطَعِ نَوْ اَهُ اَمَا
وِنْتِ اَرَّ رَتِ * وَظَغِ نَوْ اَهُ اَمَا اِنْتِ اَلِى رَتِ *

Bismillah ar raḥman ar-raḥîm. Allahumma! — (folio 29 verso). — Tumpuko ampampuliu ambinih izaṅ ḥasadi[3] fiḥasadi[4] ahi avi. Alainao tambiko ḥasadi izaṅi ompiḥasadi[5] ahi avi. Ama dua[6] izaṅi ompiviṅitri ahi avi. Ama alainao[7] ambiko ompiviṅitri ama halaviru[8] tambiko[9] sitri izaṅi mitaṅa haratsiã[10] ahi avi. Ao an-dratsi funiṅ ratsi ahi avi.

1. C'est l'arabe وقت.

2. L'*ṅ* vélaire est généralement transcrit par غ dans le ms. 8, contrairement à la transcription habituelle par ع qu'on rencontre cependant quelquefois.

3. De l'arabe حسد *ḥasad*, envie.

4. C'est l'arabe *ḥasad* malgachisé et conjugué à la classe des verbes en *mi*.

5. Voir la note précédente. *Ompihasadi* est un composé du préfixe nominal *on* et du nom d'agent habituel de la classe en *mi*, *mpihasadi*. Sur *on* cf. G. Ferrand, *Un préfixe nominal en malgache sud-oriental ancien*, *Mémoires de la Soc. de Linguistique de Paris*, t. XIII, p. 91-101.

6. De l'arabe دعاء *du'â*, prière. C'est une règle phonétique constante que le ع des mots arabes passés en malgache est remplacé par la voyelle vocalisante. دُعَا se prononce donc *dua* et non *du'â*. Dans la transcription en caractères français, on ajoutait autrefois un *h* intervocalique pour bien montrer qu'il n'y avait pas diphtongue : *duha* pour *dua*. On ajoute également un *h* intervocalique pour séparer deux *a* consécutifs : *alahasaty* de l'arabe الأسد, en arabico-malgache اَلاَسَتِ.

7. *Alainao* est un présent, mais j'ai traduit par l'impératif qui reproduit plus exactement le sens de ce passage. Cette remarque s'applique à ce texte et aux suivants.

8. Cette forme d'impératif n'existe plus en malgache moderne.

9. En malgache moderne *tamiko*.

10. Le merina *haratsiana* n'est que la forme développée de *haratsiã*.

Ao alini[1] ratsi ahi avi. Ao mpsandresi[2] ahi ratsi avi. Ao vulañi ratsi ahi avi. — folio 30 recto. — Ao mpandrantu nih ratsi ahi avi. Ama lahilahi[3] taila ratsi funiñi ahi avi. Ao iñiliñ ñilañi[4] ratsi ahi avi. Ama manundrutundru mulutru[5] ahi avi. Ama manundrutundru ahi ratsi avi. Ao masanih[6] mangirikarika[7] ahi ratsi avi. Ama mangateñi ahi ratsi avi. Ao marukitri. Ao lavitsi. Ao nak'ulun[8]. Ao andriambahuaka. Ao tsinava[9] nih lahi. Ao ontsinava vavi. Ao sekatri. Ao ivavi tumbuka. Ao ivavi tsi tumbaka. Ao ompañala ahi avi. Ao ompañetri[10] ahi avi. Ao masai[11] avi. Ao ombe[12]. Ao ontsiki[13] avi. Ao tsenga lahi ama tsenga vavi

1. En merina *adi*. La permutation de *l* du sud-est avec *d* du merina est constante.

2. Pour *ompandresi*. Le أ initial a été omis quelquefois.

3. En malgache moderne *lehilahi*. La forme ancienne *lahilahi* répond exactement au malais *lakilaki*. *Vehivahi*, *femme* me paraît être également la forme moderne de *vavivavi*, devenu successivement *vaivavi* et *veivavi*. L'*h* intervocalique est simplement orthographique et n'a d'autre objet que d'empêcher la diphtongaison de *e i*.

4. Pour *añ'ilañi*.

5. En Merina *mulutra*.

6. Pour *masunih*.

7. Pour *mangirikirika*.

8. Pour *anak'uluna*, litt. : *enfant de quelqu'un* c'est-à-dire : *enfant d'homme libre*.

9. Pour *ontsinava*, serviteur. Ce mot est tombé en désuétude.

10. *Ami*. Ce mot n'existe plus dans aucun dialecte moderne.

11. *Petit*. *Masai*, dans la langue moderne, ne s'applique plus qu'aux épouses d'un polygame autres que la première, *vadi be*, *la grande épouse*, et la dernière, *vadi keli*, *la petite épouse*. *Vadi masai* désigne, en somme, la ou *les épouses de second rang à l'exclusion de la dernière épousée*.

12. Litt. : *on*, *celui qui*; *be*, *est grand*, un notable, un personnage important, mais n'appartenant ni à la famille royale ni à la noblesse. Lorsque Flacourt et les voyageurs anciens parlent du *Grand* ou des *Grands* de tel village, ils désignent le personnage appelé *ombe* dont ils ont littéralement traduit le titre indigène.

13. J'ai traduit *ontsiki* par *maigre*. D'après le texte arabe حُسَيْن, il faudrait plutôt *beau*, mais aucune racine malgache TS-K, S-K ou T-K n'a le sens de *beau*.

avi[1]. Ao aoli[2] tambin' ompangalatri avi. Ao hilefa ahi avi. Ao rahalahinih. Ao nakavinih[3]. Ao zanañi lahi avi. Ao zanañi vavi avi. Ao tani ratsi avi. Ao ampamutitrimputitri vulaña ahi ratsi avi, Ao ḥasadi nih mihanankanaña avi. Ao ompamita ahi ratsi avi. Ao ompangupangu ahi ratsi avi. Ao ompivunih ahi ratsi avi. Ao ḥasadi nih mimatutu[4] kuruñi ahi ratsi avi. Tumpuko tua — folio 30 verso — nampampulinao izu masuandru leha tefi mandri tani nu humbi efi terahanih[5]. Ama ankatuninao RaSerafelu[6] tsi hahava ahi avi. Zaho malaho alainao tambiko izañi bala[7] avi. Aiza hanao mitarimi tarimiunao aho aovañi izu ali ama andru. Zaho ontsinavanao. Zaho zaṇaka ontsinavanao. Tumpuko, aiza hanao mifirañi[8] ahi, tumpu hisarimbuko tariñaunao ahiko. Ama veluminao aho intsi vaḳatsi[9] ratsi. Vatañinao aho ama intsi to[10] ratsi. Vatañinao ama intsi vulun[11] ratsi. Vatañinao anao ama intsi aoli ratsi. Vatañinao aho ama intsi andru ratsi. Vatañinao aho ama intsi ali ratsi.

1. Probablement pour *ontsengalahi* et *ontsengavavi*, *les beaux hommes et les belles femmes*. Je ne vois pas de meilleure interprétation. Le texte arabe الاَتِيْ وُ الُـفُـزَايْنْ n'est pas plus clair que le texte malgache.

2. En malgache sud-oriental moderne *oli* ; merina, *udi*.

3. Pour *anakavinih*, *sœur*. *Anakavi* et *anabavi* signifient *sœur d'un homme* ; *rahavavi*, sœur d'une femme.

4. Pour *mihatutu huruñi* ou *mihatutun'kuruñi*.

5. Le texte arabe porte كَـمَـا اَرْدُدَٰاتْ وُ السَمُسِ وُ آلمَـغْـرِبِ وُ آلمَسَرِقِ.

6. De l'arabe اسر افيل.

7. De l'arabe بَـلَاء.

8. Pour *mifiraiña*.

9. De l'arabe وقت.

10. Forme première du merina *taona*.

11. Forme ancienne du *vulan* moderne, en merina *vulana*.

TRADUCTION

Au nom de Dieu clément et miséricordieux. O mon Dieu ! — f° 29 verso. — O mon maître, fais changer[1] (de sentiment) tous ces envieux qui m'envient. Soustrais-moi à l'envie de tous ceux qui m'envient. J'invoque (ton aide) contre tous ceux qui se fâchent contre moi. Soustrais-moi à ceux qui se fâchent contre moi ; éloigne de moi tous ceux qui restent dans le mal[2] ; tous ceux qui demeurent dans le mal, tous ceux qui sont méchants pour moi ; tous ceux qui me querellent méchamment ; tous ceux qui me vainquent méchamment ; tous ceux qui me parlent méchamment ; (f° 30 recto) tous les voyageurs qui sont méchants pour moi ; tous les hommes injustes et méchants pour moi. (Protège-moi) contre tous ceux qui me désirent du mal. (Éloigne de moi) tous ceux qui ne cessent de me montrer du doigt (et) des lèvres[3], tous ceux qui ne cessent de me montrer du doigt méchamment ; tous ceux (dont) les yeux ne cessent de me scruter méchamment ; tous ceux qui me méprisent méchamment, ceux qui sont près, ceux qui sont loin, les hommes libres, les rois, les serviteurs mâles et

1. En malgache moderne *mampampuliu*. La forme *ampampuliu* est extrêmement curieuse et, fort heureusement, la graphie de ce passage ne prête à aucune ambiguïté. Elle donnerait à croire que l'impératif se formait anciennement par aphérèse de l'initiale du préfixe verbal et suffixation du suffixe impératif :

Présent : *mampampuli*.

Impératif : *ampampuliu*.

Mais cette formation est si manifestement en désaccord avec la morphologie de la langue moderne qu'elle n'est vraisemblablement pas à retenir. *Ampampuliu* pourrait être plutôt l'impératif du relatif *ampampuliana*. La grammaire milite en faveur de cette conjecture, mais l'existence du relatif dans les dialectes sud-orientaux reste encore à démontrer. L'étude seule des textes anciens permettra de classer définitivement cette intéressante forme verbale.

2. Litt. : ceux qui retiennent le mal.

3. Les Malgaches indiquent fréquemment la direction par un mouvement des lèvres.

femelles, les hermaphrodites, les femmes déflorées [1], les filles non déflorées [2], tous mes ennemis, tous mes amis, les petits, les grands, tous les maigres [3], tous les beaux hommes et toutes les belles femmes [4], tous les talismans des voleurs — (tu) les éloigneras tous de moi, les frères, les sœurs, tous les enfants mâles et tous les enfants femelles, la mauvaise terre, tous ceux qui m'insultent habituellement par de mauvaises paroles, tous les envieux qui m'accablent habituellement (d'injures), tous ceux qui me trompent méchamment, tous ceux qui me (suscitent) méchamment des empêchements fréquents, tous ceux qui me brisent méchamment en petits morceaux [5]. O mon maître, de même que (f° 30 verso) tu as fait rétrograder le soleil lorsqu'il était couché pour qu'il retourne jusqu'à l'endroit où il naît [6], apaise (la colère) d'Isrâfîl [7] pour qu'il ne me sépare pas (des élus) Je te demande (, ô mon Dieu), d'écarter de moi toute épreuve. Où es-tu, toi qui prends

1. Litt. : les femmes trouées.
2. Litt. : les femmes non trouées.
3. *Vide supra*, p. 120, note 13.
4. *Vide supra*, p. 121, note 1.
5. Le chapitre XLIV de l'*Histoire de la grande isle Madagascar*, éd. de 1661, intitulé *traduction d'un traité en langue Madécasse*, est très vraisemblablement l'adaptation d'un texte analogue à celui du ms. 8. Ce paragraphe du chap. XLIV est évidemment inspiré du passage précédent du texte arabico-malgache : « Où êtes-vous Monseigneur..... fâchez-vous contre tous ceux qui se fâchent contre moi ; chassez loin tous ceux qui machinent contre moi des malices, toutes sortes d'écrits pernicieux, de charmes méchants, de toutes sortes de paroles mauvaises, et de discours tendant à maléfice comme aussi de tous mauvais voyages et compagnies d'hommes qui désirent me nuire, de voleurs qui me veulent offenser et des lèvres qui me font la moue et de tous ceux qui ont cette mauvaise geste et habitude, des yeux qui regardent de travers, et de tous yeux aussi qui font une clarté affreuse, bien qu'ils soient tous amis, ou célestes, ou fils des hommes, ou bons hommes, soit serviteurs, soit châtrés (*sekatri*), soit femmes, soit vierges (*loc. cit.*, p. 182-183) ».
6. *Vide supra*, p. 121, note 5.
7. C'est l'ange qui fera retentir la trompette céleste au jour de la résurrection.

soin (de moi), qui veilles sur moi la nuit et le jour? Je suis ton serviteur. je suis le fils de ton serviteur. O mon maître, où es-tu toi qui as pitié de moi ? O maître, je serai accablé par mon souci (si) tu (ne me) tires (d'inquiétude). Tu me donnes la vie (éternelle) dans ce moment cruel (de la résurrection). Je te salue et cette année mauvaise, (je) te salue et ce mauvais mois, (je) te salue et ce talisman dangereux. Je te salue et ce jour néfaste, je te salue et cette nuit néfaste.

II

لرحمك دا رحم الرحم (*sic*)

لسم الله الرحمن الرحىم

(Folio 30 verso, I. 15) ظُفُّكُ يَهُ مَلَهُ اَبِنَوْ اَفَلِيْنَوْ اَفُّوً[1] اَفَّعَلَ

اَهِ اَوِ * اَمَا اُفِّيتَّر[2] اَهِ اَوِ ه ه[3] اَوِ اُفِّمُطِرِّ وُلَغَ رَتِ اَهِ اَوِ * ظُوً

نَمَلِيْنَوْ نَوْ اَرَّ يُوسُفُ اَبِرَّ يَقُوبِ * اَمَا هَظُوً (folio 31 recto) نِنَوْ[4]

رَمِيْكَ يل[5] * اِفُلِيْنَوْ نَوْ مسعه (*sic*) مِهَنَغَ كَنَعً * اَمَا اَوْلِ رَتِ

اَهِ اَوَ اَمَا حَسَذِ مِظُظُهَرُغَ اَوِ * اظُوً نَمُلِيْنَوْ اِيُ مَسُوْ اَرَّ لِهَظِرِ

1. Le scribe avait d'abord écrit اَقُّوْ. Il a ensuite barré le *djazm* et a écrit au-dessus un *tanouîn*. Il faut donc lire اَفُّوً *am-puā*. La première rédaction اَفُّوْ *am-po* signifie *dans le cœur* et n'a aucun rapport avec la phrase.

2. Le texte arabe لَعُيْبَةِ pour لعبة permet de traduire *ompizutsih* par *celui qui joue, se moque de*. La racine *zutsi* et ses dérivés sont tombés en désuétude.

3. La répétition de ه est une erreur de graphie.

4. Je lis *hatuhaninao* au lieu de *hatuaninao*.

5. Les points diacritiques sont assez fréquemment omis.

فِظَرَهَنِه نَهُبْ فِيمُرِّظِ[1] * اَمَا هَظُوْنِنَوْ رَسَرَفِيلُ * افَلَيْنَوْ
لِفُعِ اَمَا سَلُهِنِه * اَمَا فَلَيِنَوْ لِفُغْ رُّوْ[2] * اَمَا ظَفَرَعُ نَوْ
اَنِتّرُوْ[3] * اَمَا تِهَهُوْ اَهِ هِرِنِه اَمَا سَلُهِنِه * اَمَا وَهُرِنَوْ ظَعَنِرُوْ[4] *
اَمَا اِوَيْنَوْ وُهِتِ[5] اُفَّعَلَ[6] اَهِ اَوِ اَمَا اُفَّنَفِكِ اَنَيْ * ظُوهَيْوَ اِيُ
فَعَنِ ظَبِرَّمُوْسَ * رَوَيْنَوْ وَهُوْكِ[7] اُفَّعَلَ اَهِ اما اُفَّنَفِكِ اَهِ اَوِ *
اَظَوِنَوْ هِلِهِلِ اِيُ وُظُوْنِه اُفَّعَلَ اَهِ اَمَا لَظَكِ اُفَّعَلَ اَهِ اَوِ[8] *
وُيْنَوْ فُوْ اَرِّوْ اُفَّعَلَ اَهِ اَوِ * اَمَا اَنِتهَامِرَ اَهِ اِيِ مِتِغُلُ مَرَّر[11]
اَهِ[9] * ظُفّ هِرِيُنَوْ اَهُ هَعَمِرَكُ اَيِ هَهَفَطِا اَيِ * (folio 31 verso)
اَمَا اَلَيْنَوْ اَبِكُ ظُرَغَ مَرغَرّ تِهَهَرَرّ اَهِ اَوِ * اَمَا طَظَفُنَوْ سِيْكَ

1. Cf. Le texte arabe كَمَا اَرْذُذَاةِ و السمش وُ اَلمَغرِبِ وُ اَلِمَشرِقِ.

2. Pour لِفُغْ رُّوْ, *lefuṅun-dreu.*

3. Pour اَنِتّرُوْ *antsin-dreu.*

4. Pour ظَعَنِرُو *taṅani rui* qui traduit le duel du texte arabe اَلِيَدَيْنِ.

5. La prononciation spéciale de la double consonne *tr* des dialectes orientaux qui se prononce à peu près comme dans l'anglais *travel*, est transcrite tantôt par رّ tantôt par ت ou ة.

6. Pour اُفَّعَلَ. Les scribes arabico-malgaches font un inconscient abus des voyelles et des *tanouîn.*

7. وَهُوْكِ *vahuki* traduit l'arabe اَلِبَلَدِ. La forme وَهُوَكِ *vahuaki* est plus généralement employée même dans le ms. 8. Cf. mon assimilation de *vahuki* ou *vahuaki* avec le pays des Uâq-Uâq des géographes arabes in *Journal Asiatique*, mai-juin 1904, p. 489-509.

8. Cf. le texte arabe وُ قُوْ اَلِمَلِيْلَةِ ذِكِرَ اَلعَدُ وِ وَ اَلِقَرقَرَ اَلعَدُوِ

9. Cf. le texte arabe وُ لا عَلُوْت سَابقَات جَلِيْذ

اِيَغِ طَفِكِ اَوِ * اَمَا سِيَرِّايغِ اُفَّعَلَ اِهَ اَوِ[1] * اما فُلَيْنَوْ[2] جَظُوْ[3]
ظَعُرَ ظَوْ * اَمَا اُفَّوعَنِه سُعَا اَوْوَغ فِمَّلِيْنِه[4] * اَمَا فُلَهِيْنَوَ
ظَعَنِه اَمَا اَتِرِّوْ اَمَا فَمِرَبِة[5] * ظُفَّ هُفِ مَسُرَّ[6] اُفَّعَلَ اِهَ
اَوِ * اَفَّتِلِعُنَوْ اَلَغَا هَهَوُ مَسُرَّوْ[7] اُفَّنَفِكَا اَنِيْ * هُفِ هُفِ
مَسُرِّوْ اُفَّعَلَ اَنِيْ اَوِ * اَفِّظُهِنَوْ اِبِرِّوْ اُفَّنَفِكِ اِهَ اَمَا اُفَّعَلَ
اِهَ اَوِ * هُرُهُرُبِيْ اَرِّوْ ظُوَّ اُجَ نِيْ ظَيْكِ نَعُرُهُرُ[8] اَهَهَرَاتِ
اَرِّوْ *

Bi raḥamatika iâ arḥam ar-raḥimîn
Bismillah er-raḥman ar-raḥîm

Folio 30 verso. — Tumpuko zaho malaho ambinao ampuliunao am-puã ampañala ahi avi. Ama ompizutsih[9] ahi avi hu avi ompimuntitri vulaña ratsi ahi avi. Tua namaliunao an-dRaZusufu[10] ambin-dRaZakubi[11]. Ama hatuaninao[12]

1. Cf. le texte arabe وَقَطَعَ اَلصَّوْرَ آلْحَرْبُ وَقَوْلصُوْرَ اَلْعَدُوِ
2. Pour *fulahinao*.
3. C'est un exemple assez rare de transcription du z malgache par ج.
4. Cf. le texte arabe وَمُجْدُرُ آلابْطَلْ فِيْ اَلْمَيْذَنِ.
5. فَمِرَبِة traduit l'arabe اَلضَّرَبَة.
6. Pour مَسُرِّوْ *masun-dreu*.
7. Pour مَسُرِّوْ.
8. Pour نَعُرُهُرُ.
9. *Vide supra*, p. 124, note 2.
10. C'est le nom arabe يوسف *Yoûsouf*.
11. C'est le nom arabe يعقوب *Ya'qoûb*.
12. *Vide supra*, page 124, note 4.

folio 31 recto. — RaMikailu[1]. Ifulinaonao[2] misañih[3] mihanañakanaña[4]. Ama aoli ratsi ahi avi ama ḥasadi mitutu haruñu[5] avi. Tua namulinao izu masuandru leha teri fiterahanih na humbi fimundrati. Ama hatuninao RaSarafelu[6]. Ampulinao lefuñi ama salahunih ama falainao[7] lefuñundreu. Ama tafarañunao antsin-dreu. Ama tsi hahavu ahi herinih[8] ama saluhinih. Ama vahurinao tañani rui. Ama ivainao vuhitsi ompañala ahi avi ama ompanafiki anai. Tua haiva izu fañani tambin-dRaMusa. Ravainao vahuaki ompañala ahi ama ompanafiki ahi avi. Atavinao heliheli izu vutunih ompañala ahi ama lataki ompañala ahi avi. Vuzuinao fo an-dreu ompañala ahi avi. Ama tsi hamira ahi izi mitsing ulu mandrandra ahi. Tumpu herezunao aho hañamirako azi hahafati azi — folio 31 verso — Ama alainao ambiko turaña mariñitri tsi haharatri ahi avi. Ama titiñunao sika izañi tafiki avi. Ama sitri izañi ompañala ahi avi. Ama fulainao[9] zatuvu tanura tao[10]. Ama ompakanih suña aovaña fialinih. Ama fulahinao tañanih ama antsin-dreu ama famirabatsi[11]. Tumpu hufi masun-dreu ompañala ahi

1. C'est le nom arabe ميكائيل *Mîkâîl*.

2 *Ifulinaonao* est une erreur de graphie pour *ifulinao*.

3. Malgré l'absence de tout point diacritique et de voyelles, je crois pouvoir lire *misañih* en m'appuyant sur le texte arabe سَتَمْ pour شتم.

4. Pour *mihanankanaña*.

5. Pour *huruñu, huru*. Cf. le texte arabe حَسَدِ حَرِيْصُ.

6. *Vide supra*, p. 121, note 6.

7. Pour *fulahinao*. Cf. le texte arabe كَسَرَ.

8. Cf. le texte arabe السَوْكُ pour الشوكة.

9. Pour *fulahinao*. Cf. le texte arabe قَتَلُوْ.

10. Forme première du *taona* merina.

11. *Famirabatsi*, probablement pour *famarabatsi*, me paraît être un dérivé de l'arabe ضَرَبَةِ prononcé *varabatsi* en malgache et converti en verbe par la préfixation de l'affixe verbal *man* : *mamarabatsi*, qui a donné à son tour le nom d'action *famarabatsi*. Les cas de malgachisation des mots étrangers sont assez fréquents pour que cette conjecture soit extrêmement vraisemblable. *Famirabatsi* n'est pas malgache et ne peut être expliqué que par l'hypothèse précédente.

avi. Ampatsiliñunao alaña hahavu masun-dreu ompanafiki anai. Hufihufi masun-dreu ompañala anai avi. Ampitutuhinao ambin-dreu ompanafiki ahi ama ompañala ahi avi. Huruhuru be an-dreu tua undzan'izu taiki[1] nangaruhuru haharatsi an-dreu.

TRADUCTION

Par ta miséricorde, ô le plus miséricordieux des miséricordieux !

Au nom de Dieu clément et miséricordieux ! (f° 30 verso.) O mon maître, je te demande d'écarter complètement tous mes ennemis, tous ceux qui se moquent de moi et tous ceux qui, dans l'avenir, me calomnieront par de méchantes paroles. (Protège-moi) comme tu as écarté (tout danger) de Joseph et Jacob et tu as soutenu (f° 31 recto) Michel. Écarte les injures dont on (m')accable, tous les charmes malfaisants pour moi et tous les envieux qui me brisent en petits morceaux. De même que tu as fait rétrograder le soleil là-bas où il se lève pour venir vers le couchant et tu as apaisé Isrâfîl, fais reculer les sagaies et les lances (de mes ennemis) et brise leurs sagaies. Brise leurs couteaux ; qu'ils ne puissent pas lever contre moi leurs sagaies (ni faire usage) de leur force. Lie leurs deux mains. Abaisse les montagnes[2] de mes ennemis et de ceux qui partent en expédition contre nous, comme tu abaissas le serpent de Moïse[3]. Détruis le pays[4] de mes ennemis et de tous ceux qui partent en expé-

1. *Taiki, la mer*, est tombé en désuétude. Ce mot sous la racine T K se retrouve dans plusieurs dialectes malais, mélanésiens et polynésiens. Cf. Gabriel Ferrand, *Un texte arabico-malgache du* XVI° *siècle* in *Notices et Extraits*, p. 466, note 3.

2. *Vuhitsi, Vuhitra* en merina, signifie *montagne* et *village*. Le texte arabe جَبَل impose la traduction par *montagne*.

3. Cf. le texte arabe كَمَا ذَلَلَةَ الحَيَّةِ المُوسَى. C'est une allusion à la verge de Moïse changée en serpent. Cf. le Qorân, VII, 104.

4. *Vide supra*, p. 125, note 7.

dition contre moi. Rends tout petits le membre viril et la verge de tous mes ennemis[1]. Rends lâche le cœur de tous mes ennemis. Ne me rends pas semblable à ces libertins (qui veulent) me (rendre) débauché. O maître, rends-moi fort pour que j'égale (mon ennemi en force) et que je puisse le tuer (f° 31 verso). Éloigne de moi tous les corps tranchants pour qu'ils ne puissent pas me blesser. Mets fin à l'oppression de toute cette guerre et à la pression de tous mes ennemis. Tue[2] ce jeune homme (qui est) jeune d'années, qui va provoquer le héros au combat. Brise leurs mains et leurs couteaux et (écarte leurs) coups[3]. O maître, ferme les yeux de tous mes ennemis. Couvre de sable jusqu'à leurs yeux ceux qui combattent contre nous. Ferme sans cesse les yeux de tous nos ennemis. Fais recouvrir (de sable) tous ceux qui combattent contre moi et tous mes ennemis. Que ce soit un cataclysme immense comme l'agitation des vagues de la mer, pour leur être nuisible.

III

لرحمك يا رحم الرحم

لسم الله الرحمن الرحم

ظُفَّ أَيَيَهَنَوْ مِظُرَّ اِيُ اَغَرِسِيْ، * اَبِنِ فِطُرَّ اَنَوْ اِيُ اَغَرِسِيْ * اَيَيَهَنَوْ ظُفَّكُ اُفَّنَرُايُ هِنَ٥ * اَيَيَهَنَوْ ظُفَّكُ نِا

1. Malgré l'étrangeté du sens, la traduction rend exactement le texte malgache.
2. *Vide supra*, p. 127, note 9.
3. *Vide supra*, p. 127, note 11.
4. De l'arabe عرش.
5. Cf. le texte arabe يَا سَدِيْدُ اَلبَطِسِيْ.

اِيُ اُفَّعُبِ اِيُ هِنَ (folio 32 recto) هُبِنَوْ اَبِكُ[1] * اَيْيَهَنَوْ
ظُفَّكُ يْنِيَغِ[2] مِلَ اَبِكُ هَرَتِيًّا اَوِ * اَمَا نِيَغِ مَغَرِظَنِ اَهَ
رَتِ اَوِ * اِرُبَهِنَوْ اِيَغ مِرُبُكَ اَهَ اَوِ * اِهِرِيُنَوْ اِيَغ هِهِرِ اَهَ
اَوِ * رِسِونَوْيَغِ هَرِّسِيْ اَهَ اَوِ * احَسَذِ نَوْاِيَغِ مِحَسَذِ اَهَ اَوِ *
اَرَوَيْنَوْ اِيَغِ هَرَّوَ اَهَ اَوِ * اِظِوْنَوْ اِيَغِ هَعِظِ اَهَ اَوِ * اِوِغُرْنَوْ اِيَغِ
مِوِغِرّ اَهَ اَوِ * فَدِا هِوْنَوْ اِيَغ مَمَذِ هِا اَهَ اَوِ * اَسَهَيْنَوْ اِيَغ
مَعَسَهَ اَهَ اَوِ * وُيُنَوْ اِيَغ هَمُيُ اَهَ اَوِ * اِوَيْنَوْ اِيَغ هَعِوَ اَهَ اَوِ *
اَيْيَهَنَوْ ظُفَّكُ مَهَرِسِ تِرِسِ * اَفَّلِوْنَوْ ظُفَّكُ اِيَغ اُفَّعَبُ
اَبِنِ هَوَاغِرِ اَرّوْ نَهُ تِنَهَيُ هَتَرَنْ اَمَا هَفِيْفِيَا ايعهرْ[3] اَرّوْ[4]
قَّنُقّ اَبِن فِلِيًّ * يعهر اَرِّوْ مَهِرِ اَبُ * انَسُرَاتِ يعهر ايَغ
اتيْرِ هَهَرِسِيْ اَرِّوْ اَظُمُعًّا[5] اَوِ هَفَطِا يعهر مَهِرِ اَبُ * فمطع (sic)
فَمَظَغَ اَبِن يعهر فَمَحَ تَرَه[6] مَرُكَةِ * (folio 32 verso) اَمَا هَرَوُوًّ

1. Cf. le texte arabe يَا حَبِسُنْ اَلِوَحَشِيّ اصَبِشُ عَنِ.

2. Les points diacritiques de la première lettre manquent dans le texte.

3. Pour يَعَهِر.

4. Pour أرّوْ *an-dreu.*

5. Pour أظُمُوًّا. Cf. le texte arabe رُسَلِيْنَ.

6. Pour فَمَهَ تَسَرَ *fa mahatsara.* Le ح ne se rencontre ordinairement que dans les mots d'origine arabe.

اَرَّوْ[1] اُفَنُفّ اوِ * اِيَع فِرُوُوًّ اَبِن اعهر رِرِنه اَرِيَّا سَرِّع مَهِلل *

Bi raḥamatika iâ arḥam ar-raḥimîn
Bismillah er-raḥman ar-raḥîm

Folio 31 verso, l. 16. — Tumpu, aiza hanao mitundra izu 'ariši[2]. Ambini fitundranao izu 'ariši. Aiza hanao tumpuko ompanara izu hena. Aiza hanao tumpuko ni izu ompańumbi izu hena — folio 32 recto — humbinao ambiko izu hena. Aiza hanao tumpuko in'izańi mila ambiko haratsiã avi. Ama n'izań mańari teni ahi ratsi avi. Irubahinao izańa mirubaka ahi avi. Iherezunao izańa hiheri ahi avi. Resiunao[3] zańi handresi ahi avi. Ḥasadinao izańi miḥasadi ahi avi. Aravainao izańi handrava ahi avi. Tiunao[4] izańi hańeti ahi avi. Ivińirunao izańi mivińitri ahi avi. Fadihiunao izańi mamadihi ahi avi. Asahainao izańa mańasaha ahi avi. Vuzunao izańa hamuzu ahi avi. Ivainao izań hańiva ahi avi. Aiza hanao tumpuko maharesi tsi resi. Ampuliunao tumpuko izań ompańambu ambini havińiri an-dreu nahu tsi hazu hatsaran ama hafifiza Zańahari an-dreu mpanumpu ambin filiã. Zańahari an-dreu maheri ambu. Na[5] suratsi Zańahari izańa tsiari haharesi an-dreu antumua avi ha fati Zanahari maheri ambu. Famatańa famatańa ambin-dZańahari fa mahatsara marukitsi — folio 32 verso — Ama haravuã an-dru[6] ampanumpu avi. Izań firavuã ambin-dZańahari riri nih Andriã mandreńi mahilala.

TRADUCTION

Par ta miséricorde, ô le plus miséricordieux des miséricordieux!

1. Pour اَرُّو.
2. De l'arabe عرش.
3. Pour *resenao* ou *resienao*.
4. Pour *etinao* de la racine *eti*.
5. La conjonction *na* est tombée en désuétude.
6. Pour *an-dreu*.

Au nom de Dieu clément et miséricordieux! (fol. 31 verso). O maître, où es-tu toi qui portes le trône céleste? Tu portes le trône céleste. Où es-tu, ô mon maître, (toi qui es) le fort par excellence[1]. Où es-tu, ô mon maître, par lequel vient la force (fol. 32 recto); donne-moi la force. Où es-tu, ô mon maître; quiconque m'incite au mal, je lui retourne tout le mal. Ruine tous ceux qui me ruinent. Rends forts tous ceux qui me rendront fort. Vainc tous ceux qui me vaincront. (Rends) envieux tous ceux qui m'envieront. Détruis tous ceux qui me détruiront. Resserre tous ceux qui me resserreront. Sois fâché contre tous ceux qui se fâchent contre moi. Injurie tous ceux qui m'injurient. Fais affront à tous ceux qui me font affront. Rends lâches tous ceux qui me rendront lâches. Abaisse tous ceux qui m'abaissent. Où es-tu, ô mon maître, qui vaincs ceux qui sont invaincus. Ecarte (de moi), ô mon maître, ceux qui s'enorgueillissent. (Tu) seras irrité contre eux parce qu'ils ne pratiquent pas le bien et ce qui agrée à (Dieu). Zañahari fera de ses serviteurs[2] ses élus. Zañahari est plus grand qu'eux. Le livre de Zañahari (dit) ceci : Personne ne sera au-dessus des prophètes si ce n'est Zañahari[3] qui est plus grand[4] (que tous). Le salut, le salut est en Zañahari, il rend bons ceux qui sont près (de lui) et (fol. 32 verso) (il donne) la joie à tous ceux qui le servent[5]. Cette joie est en Zañahari (seul), c'est lui qui est le Seigneur qui entend et sait (tout).

1. *Vide supra*, p. 129, note 5.

2. Le malgache *serviteur* traduit l'arabe أَلْمُومِنِينَ et s'applique seulement par conséquent aux musulmans malgaches.

3. Litt. *personne ne vaincra les prophètes.*

4. Litt. *est fort élevé. Maheri* devant un adjectif indique le comparatif. Cette formation est spéciale aux dialectes maritimes.

5. C'est-à-dire aux vrais croyants. Cf. le texte arabe أَلْمُؤْمِنِينَ.

IV

لسم الله الرحمن الرحيم

(Folio 32 verso, l. 15) أَيْيَهَنَوْ ظُفَّكُ وِلُ اَمَا مِتَغَا * وِلُ ظَوْمَرُ تِيْرِ وِلُ هَفَظَ يْنَوْ * مَكَظُوْ مُوًّ اَهُ تِيْرِ ظُفَّكُ هَفَظِيَانَوْ أَيْيَهَنَوْ وِلُ اَمَا مِتَغَا * اُتِيْنَوْ[1] اَبِنْ وُلَغ غُوْ ظُوْ هِلَ انَوْ نِه هَفَنُوْغِ[2] * اَنَوْرِوْ نُتِيْنَوْ شِيْرِّ اِيَغ اَبُنِظَنِ هُلَنِ اَوِكُوْ[3] * اظُفَّ اِيُ رِوْ (folio 33 recto) اِيُ اُفِرُّبَكَ اَنَيْ اَمَا اُفَغَيَّرَتِ اَنَيْ * اِفَ نَيِّهِرَ اَنَيْ * اَمَا سَيْرُّرِ اَنَيْ * اَمَا مَعَلَ اَنَيًّ[4] * اِهَا اِظَا اِيُ ظَنِ ظَبِنِ ظَهُنِه اَنَيْ * اَمَا اِتِهِظَيْنِ اِيَغِ هِلِفَا اَنَيْ * اَمَا تِيْرِه[5] هَمَلِ اَنَيْ * اَمَا تِيْرِ هَغُبَا اَنَيْ * اَمَا تِيْرِ هَنِه اَنَيًّ[6] * ظَبِنِ هَرَتِيًّا هَفَظَا اَنَيْ * ظُفَّ ظِفَهُنَوْ رِوْ ظَبِنِ هَسَرُظَا * سُسِهَنَوْ رِوْ تِهُهَسِهَرَنَا فَيَّرُّرِ * اِظِيْنَوْ رِوْ نُهُهَرَتَا فَعِظِ * اَظُوْوِ اَبِنِ رِوْ اِيَغِ اَرُّ تِهَهَوِلُ اَرُّوْ[7] * اَمَا اِيَغِ

1 De la racine désuète اُتِيْ *ontsi, action de dire.*

2. Cf. le texte arabe قُلْتُ وُ قُوْلِكَ آلحَقُ اَذُ عُوْنِيْ.

3. Cf. le texte arabe اَسْتَجِبْ لَكُمْ قُلْتُ كُلُ مِنَ عَلَيْنَا فَانِ.

4. Pour اَنَيْ.

5. Lit. *tsi, ne pas*; *ri, lui, non lui,* c'est-à-dire *personne*. *Tsiri* est devenu *tsiari* dans la langue moderne.

6. Pour اَنَيْ.

7. Pour اَرُّوْ.

تِهَهَوِلُ اَرُّوْ * هَرَتِوْ نَوْ اِيغِ اُفَّعَلَ اَنَيْ اَوِ * اَفِظُهُيِّنَوْ اِيغِ
هَسَهِرَنَا اَنَيْ اَوِ * اَفُلِوْ نَوْ اِيَغِ اُفَّعَلَ اَنَيْ اَوِ * اَمَا تِهُهَسَهِرَنَا
اَنَيْ * اَمَا تِهِسِيْ اَجَ اَبِنْ ظِغِ رِوّْ * اَظُفَّ وَهُرِ نَوْ اِيُ ظَغَ
رِوّْ * اَمَا وَهُرِ نَوْ اِيُ هُهُرِّ رِوْ * ظُظُغِنَوْ اِيُ فُوْرِوّْ اُفَّعَلَ اَنَيْ *
اَمَا رَظُنَوْ رِوْ * اِيَغِ ظِيَّا نَوْ[1] هَرَتِنَا * اُظُوْ نَرَ ظُنَوْ[2] رِوْ نَرَّظُنَوْ
عَا ذَاَ لاُ وَلَيْ[3] * اَيَيَهَنَوْ ظُفَّكُ اَمَا اَرِّيَّاكُ * سَرِهَنَوْ اِيغِ
لَغُ رِوّْ كَفِرِ اَوِ * (folio 33 verso) وَرَكَرَهُ اِيَغِ نَبُغَ رِوْ * اَمَا ظَرِسِوْ
نَوْيَهَيْ اَبِنْ هَسَرُظُا اَمَا فَرَّرِ رِوْ اِهِرِ رِوْ * ظُفَّ اَبِنَوْ نِه اِوَ
اَنَيْ * اَمَا اَبِنَوْ نِه اِمُرَ اَنَيْ * اَمَا اَبِنَوْ نِه اِظُيْ فَغَرَهَا *
اَمَا اَبِنَوْ نِه اِظُيْ فَغَمُرَ فَنَه اَنَيْ * اَيَ اَلَيْ ظَبِنِ اِظِغِ
فَغَمُرَ فَنَهِ * ظُفَّ اَيَ اَطَوْ اَبِنْ رِوّْ اِيَغِ لَلَبَظَغَ فَرِّسِيْ *
ظُفَّ سُرَهُنَوْ[4] اَمَا رِوْ اِيَغَ لَهِ لَه لُفِكِ اَطِغِ اَوِ * اَمَا اِيَغِ لَهِ
لَهِ مَوُنِيْ ظِغِ اَوِ * هَنَوْ اَمَا رِوْ اِيَعَ لَهِ لَه ظَغُرَ طَوْ اَوِ * اَمَا
اِيَعَ لَهِ لَه ظِلُفَّلُ * اُغُوْنَوْ اِيَغِ اُفَّتِلِكَ رِوْ * وِيُيْنَوْ اِيُ

1. Erreur de graphie pour ظِيَانِيْ.

2. Lire ظُوُ نَرَّ ظُنَوْ رِوْ ainsi que l'indique le membre de phrase suivant. Cf. le texte arabe كَمَاا هَلَكَتِ عَاذَ الاوَلَيْ.

3. *Vide infra* la transcription et la traduction de ce passage.

4. Pour سَرَهِنُوْ.

ظِغَرِّوْ * وَهُرِنَوْاِيُ هُهَرِّ رِوْ اَمَا ظَغَرِّوْ * هَنُظُرِاِيُ فَغِظِغْ
رِوْ * اَمَا هَنُظُرِاِيُ وُوَجِهِ رِوّ * اَفُ مَوِيْغُ يَغَهَرِاَبِيْ رِوّ
وِغِرِاَرِّوْ * ظُقَّ هَظُوكُ اَبِنْ رَجِبُرَايْلُ * اَمَارَّمِيْكَ ايْلُ *
اَمَا رَسِرَفِيْلُ * اَمَا عَزِرِيَايْلُ * اَمَا رَمَهَمَايْلُ * اَمَا نَقَبَايْلُ *

Bismillah ar-raḥman ar-raḥîm

Folio 32 verso. — Aiza hanao tumpukove lu ama mitsanga. Velu tao maru tsiari velu hafatainao. Mankantumuã aho tsiari tumpuko hafatainao. Aiza hanao velu ama mitsanga. Ontsinao ambin vulaṅa ṅu[1] tu hilanao nih hafanuṅi. Anaoreu niaotsinao šitri izaṅi ambuni tani hu lani avi ku. Tumpu izu reu — folio 33 recto — izu ompirubaka anai ama ompaṅazu ratsi anai. Efa nazahira[2] anai. Ama mazurutri[3] anai. Ama maṅala anai. Iha iti izu tani tambini tahunih anai. Ama tsi hitaini[4] izaṅi hilefa anai. Ama tsiari hamali anai. Ama tsiari haṅumba anai. Ama tsiari hanihi anai. Tambini haratsiã hafata anai. Tumpu tefahunao reu tambini hasaruta tefaki. Susuhinao reu tsi hu hasahirana fazurutri. Entinao reu nahu haratsi faṅenti. Ataovi ambini reu izaṅi andru tsi hahavelu an-dreu. Ama izaṅi tsi hahavelu an-dreu. Hu ratsiuniu[5] izaṅi ompaṅala anai avi. Afituhuzunao izaṅi hu sahirana anai avi. Afuliunao izaṅi ompaṅala anai avi. Ama tsi hu hasahirana anai. Ama tsi hisi aza ambin teṅi reu. Tumpu vahurinao izu taṅan-dreu. Ama

1. Je lis *vulaṅanao*. Je n'ai pu donner aucune traduction de cette phrase.

2. Je considère *zahira* comme une forme orientale du *sahirana* moderne.

3. *Mazurutri* est un composé du préfixe verbal *ma* et de *zurutri*. Cette racine me paraît être la forme orientale du Merina *sarutra*. Cf. le texte arabe غُمَنَّا.

4. Pour *tsi hitani*.

5. Pour *ratsiunao*.

vahurinao izu huhutri reu. Tuntuñinao izu fon-dreu ompañala anai. Ama ratunao reu. Izañi tianao[1] haratsia. Tua nara tunao[2] reu nandratunao 'Ada alaulai[3]. Aiza hanao tumpuku ama andriako. Sarahinao izañi lañun-dreu kafiri[4] avi — folio 33 verso — Varakarahu izañi nibuña reu. Ama tarimiunao zahai ambi hasarutu ama fandratri reu iheri reu. Tumpu ambinao nih iva anai. Ama ambinao nih imora anai. Ama ambinao nih itui fañaraha anai. Ama ambinao nih itui fañamora fañahi anai. Aza alai tambini iteni fañamora fañahi. Tumpu aza atao ambin-dreu izañi lalam-batañа fandresi. Tumpu surahunao[5] ama reu izaña lahilahi lufiki an-teñi avi. Ama izañi lahilahi mavuñi teñi avi. Hanao ama reu izañ lahilahi tañura tao avi. Ama izañ lahilahi telum-pulu. Ngunao izañ ompitsiliki reu. Vuzuinao izu teñan-dreu. Vahurinao izu huhutri reu ama taña reu. Hanuturi izu fañentiñ reu. Ama hanuturi izu vuadzihin-dreu[6]. Afu maviñu Zañahari ambin-dreu viñiri an-dreu. Tumpu hatuvuko ambin RaDziburilu[7]. Aman-dRaMikailo[8] ama RaSerafelu[9]. Ama 'Azirialu[10]. Ama RaMahamailu. Ama Naḳabailu.

TRADUCTION

Au nom de Dieu clément et miséricordieux ! (folio 32

1. Erreur de graphie pour *tiuni*.
2. Erreur de graphie pour *nandratunao*.
3. *Alaulai* ou *alualai* est la forme malgachisée de l'arabe أوّل *premier, ancien*.
4. De l'arabe كافر.
5. Pour *sarahinao*.
6. De l'arabe وجه.
7. De l'arabe جبرايل.
8. De l'arabe ميكائيل.
9. De l'arabe اسرافيل.
10. De l'arabe عزرائيل.

verso). Où es-tu, ô mon maître vivant et immuable[1], vivant depuis de nombreuses années? Personne ne vit (éternellement) si ce n'est toi. Je confesse[2] que je n'ai pas de maître en dehors de toi[3]. Où es-tu, ô vivant et immuable? Tu dis par ta parole.....[4], tu as dit : « Vous tous, (souvenez-vous que) tout ce qui est sur la terre passera. (Tu es) le maître de ceux (folio 33 recto) qui nous dépouillent et de ceux qui nous font du mal. Ils nous ont causé des difficultés, ils nous affligent, ils sont nos ennemis. (Tout sur) cette terre est pour nous (un sujet) de crainte. On ne voit pas celui de nous qui (y) échappera. Personne ne nous récompensera, personne ne nous élèvera, personne ne nous poussera au mal si ce n'est nous. O maître, engloutis les dans la peine de l'engloutissement. Submerge ceux qui ne s'inquiéteront pas de leurs défaillances. Emporte-les, à cause du mal (qu'ils soient) emportés. Fais que le jour ne se lève pas pour eux, qu'il ne se lève pas pour eux. Sois méchant pour tous nos ennemis. Châtie ceux qui nous créent des difficultés. Change (en amis) tous nos ennemis pour qu'ils ne nous créent pas d'ennuis et qu'il n'y ait plus rien en eux (contre nous). O maître, lie leurs mains, lie leurs pieds ; brûle le cœur de nos ennemis, damne ceux qui aiment le mal. Fais-les périr comme tu as anéanti l'ancienne (tribu) de 'Ad[5]. Où es-tu, ô mon maître et mon

1. *Mitsanga* traduit l'arabe القيوم, l'un des quatre-vingt-dix-neuf noms de Dieu. Cf. le Qorân, III, 1.

2. Le texte malgache *mankantumuā aho* signifie littéralement *je prophétise. Mankantumuā* est, en effet, un verbe en *manka* dérivé de la racine *antumua, prophète*, mais il a ici le sens spécial de *confesser*.

3. C'est-à-dire *je n'ai pas d'autre maître que toi*. Je me suis attaché à traduire ces textes aussi littéralement que possible de façon à ce qu'on puisse retrouver presque chaque mot malgache dans la traduction française.

4. Je n'ai pu trouver aucun sens satisfaisant pour cette phrase.

5. Tribu de l'Arabie méridionale que le prophète Hoûd essaya en vain de convertir et qui ne répondit que par des railleries et des sarcasmes à sa prédication. Cf. le Qorân, VII, 63-70; XI, 52 et suiv.; LXXXIX, 5. La tribu de 'Ad fut exterminée par Dieu à cause de son impiété.

seigneur? Tu sépares la réunion des infidèles[1] (folio 33 verso). Sépare ce qu'ils ont uni. Protège-nous contre leurs ennemis, leurs dommages et leur force. O maître, en toi est notre abaissement[2], en toi, en toi est notre tranquillité, en toi est notre goût, en toi est la tranquillité de notre âme. Ne nous enlève pas la tranquillité de notre âme. O maître, ne les mets pas dans le chemin même de la victoire. O maître, sépare; tous les hommes se prosternent en personne. Tous les hommes d'âge mûr le feront, tous les jeunes hommes et les hommes de trente (ans)..... les espions. Rends lâche leur âme. Lie leurs mains et leurs pieds. Couvre leurs yeux, couvre leur visage. Le feu punisseur de Zañahari (sera) sur eux (parce que Dieu) est irrité contre eux[3]. O maître, j'ajoute (à mes mérites)[4] ceux de Gabriel, Michel, Israfîl, ʿIzrâïl[5], Mahamâïl et Naḳabâïl[6].

1. Cf. le texte arabe فَرَ[قَ] جَمِعَ اَلِمُسْرِكِيْنَ. Les polythéistes qui adorent plusieurs dieux et les chrétiens qui croient à la trinité divine sont appelés par les musulmans مشركون *mouchrikoûna*, *ceux qui donnent des associés* (*à Dieu*). Le texte malgache qui rend assez heureusement le texte arabe signifie : tu sépares (du vrai Dieu les faux dieux que) les infidèles unissent (à lui).

2. Cf. le texte arabe اللهم بِكَ اَصُوْلِ. Le texte malgache que j'ai traduit littéralement, ne reproduit en aucune façon le texte arabe. Il faudrait pour rendre exactement اَصُوْلِ : *ambinao nih ivuhanay, en toi est notre origine*, c'est-à-dire ; *c'est de toi que nous descendons*.

3. Cf. le texte arabe إِلَنِيْرَتِ وُ الـلّٰه عَلَيْهِمْ غَضَبَانِ.

4. *Vide supra*, p. 123, note 7.

5. De l'arabe عزرائيل *Izrâil*. C'est l'ange qui, au moment de la mort, reçoit le dernier soupir des hommes. Cf. le Qorân, XXXII, 11.

6. Ce sont vraisemblablement des noms altérés d'anges ou de génies musulmans.

أَمَا عَزِيمَةِ وَلَلَع

نَيْفَ هُظَظَةِ اِغِ وَلَلَغَ (Folio 34 verso) * تِهِنَا وُلِ وَرِكُ * اَبِنِه فَرَّلُنِه تِهُفَرَفَرَ * ظَبَغُنَوْ اِيُ وَلَلَغَ تِهِنَا تِهِنَا أَمَا وُلِ وَرِكُ * هُتِلِغْ هُتِلِغْ اِيُ وَلَلَغْ * تِهِيَّظِبُ اَبِنِه اِيُ وُلِ وَرِكُ * فَرَّلُنِه تِهُفَرَفَرَ * هَلَوِتِ اِغِ وَلَلَغْ * تِهَرِّكِرِّ اَبِنِه اِتِ وُلِ وَرِكُ * ظُوٌّ فَهَلَوِتِ اَلعَلَغْ اِيُ لَعِتِ أَمَا ظَنِ * ظُوٌّ فَهَلَوِرِّ العَلَغَ اِفِظِرَهَا أَمَا فِمَرِّظَ * أَمَا اِفُرُنَوْ اَلغَلَغْ اِيُ وَلَلَغْ أَمَا اِلعَلَغْ اِيُ وُلِ وَرِكُ * اَبِنِه فَرَّلُنِه تِهُفَرَفَرَ * هُتِلِغَ اِتِ وَلَلَع * هِيَّغُوْ اِيُ وَلَلَغْ لِيُنَوْ اِيَغِ يَكَنَوْ اَوِ * أَمَا تِهِيْظِبُ اَبِنِه اِتِ وُلِ وَرِكُ * اَبِنِه فَرَّلُنِه تِهُفَرَفَرَ * مَغَيْهَيْ مَغَيْهَيْ اَبِنِه يَكَ نعهر * أَمَا هَرُوُّوٌّ أَمَا (folio 35 recto) وُلِ وَرِكُ * هَبِيَّيَا أَمَا هَتَرَ وُلِ وَرِكُ * هَوَظَع اِيُ وُلِ وَرِكُ * أَمَا لِلَنَ هَنُغُيْ أَغَر نعهر * أَمَا هَمِيَّا هَتَرَ اِيُ وُلِ وَرِكُ * أَمَا اِيُ ذُعَا هُظُغ أَمَا هَمِيَا هَفِيْفِيَا وُلِ وَرِكُ * أَمَا هَظُبُوٌّ اِيُ وُلِ وَرِكُ * هُظُبُ اِيُ وُلِ وَرِكُ * أَمَا مَكَشَرَّك اِيُ وُلِ وَرِكُ * أَمَا هُولُع [1] اِيُ وُلِ وَرِكُ * أَمَا ظَرِ مِيْنَوْ اَوَغَ اَلِ: أَمَا

1. Pour وِلَنْ.

أَرَّ اِيُ وُلِ وَرِكُ * أَمَا اِهَنوتِه مَمِيَغِيْ اِيُ وُلِ وَرِكُ * أَوْ
وِلُنْ وُلِ وَرِكُا * أَمَا هَتَرَ هُتَرَ اِيُ وُلِ وَرِكُا * يَغَهَرِ هِظَرِمِ اِيُ
وُلِ وَرِكُا * هِظَرِمِ اِيُ امَا رِيْوْ مَلَيْكَ وُلِ وَرِكُا * يعهر أَمَا هَنِه
اِيُ وُلِ وُرِكَا * أَمَا هَفِيْفِيْ اِيُ وُلِ وَرِكُا * يعهر أَمَا هَغَسِيْ
اِتِ سُوْرَتِ نِفِلِيًّا * يعهر اِيُ هِظَرِمِ اِيُ وُلِ وَرِكُا * يَغَهَرِ
هِظَرِمِ اِيُ وُلِ وَرِكُا * وِلِمِنَوْ اِيُ وُلِ (folio 35 verso) وَرِكُا * ظُفّ
اِيَغِ نَمِلْمَنَوْ أَرَّ بُرَهِيْمِ سَكَظُوْ ظَبه أَفُ اِنَمُرُوذْ * أَمَا
ظُوٌّ ايَعِ نَمِلْمَنَوْ أُقِّوُلَع أَمَا ارَ مُوْسَيْ ظَبِنِه فِرَعُوْنِيْ *
أَيَيَهَنَوْ ظُفَّكُ وِلِمِنَوُ اِيُ وُلِ وَرِكُا * ظَبِنِه اِيُ وَلَلَغَ *
اُهِتِلِغ هِيَغَوُ اِيُ وَلَلَغْ * أَمَا تِهُرَتِ فُنِع اِيُ أَرِّيًا بَهُوْكِا
وَلَلَع * اِظُوْنَوْ اِيُ رَمَنَوْ هِيَغَوُ أَرِّيًا بَهُوَكَ وَلَلَع * أَمَا
تِهُرَةِ أَبِكُ لِلَنِيُوْ وَلَلَغْ أَمَا مُلُنِه رُو * أَمَا فُنِغِ اِيُ وَلَلَغَ
هُتَرَ فَرِّهَا اِيُ وَلَلَع ظُوٌّ فَرِّهَا اِيُ سَبُ أَوْوَغِ ظَيْكِ *
تِهِيْظِبُ أَبِنه وُلِ وَرِكُا * أَيَيَهَنَوْ ظُفَّكُ مِفِرَيْغ اِتِ وُلِ
وَرِكُ * تِهِهِنَا اِيُ وَلَلَع * هُظَكُوْ اِيُ تِهِهِنَا اِيُ وَلَلَغَ *
هُفِ هُفِ (folio 36 recto) مَسُ اِيُ وَلَلَع * تِهَهِظَ اِيُ وُلِ
وَرِكُا * فِهُوْنَوْ وَوَ اِيُ وَلَلَع تِهِهِنَا اِيُ وُلِ وَرِكُا * اِظُنَوْ اِيُ

رَمَنَوْ هُتَلِغِ هِيَغَوُ اِغِ فِظِرَهَا اَمَا اِفِمَرِّظْ * ظُظِفِنَوْ مَسُرِّ[1]

وَلَلَغْ * اِغِ اِيَعِ اَمَا فُوْوَظَع * اَمَا ظِع هَهَرِّرِ * اَمَا يَرَ

هَهَسَ * اَمَا ظِغِ هَمَكَنِرِّك (sic) هَيَهَيْ اَمَا هَمِيَا هَتَرَ *

اَمَا ذُعَا هُظُيَغِيْ * اَمَا هَمِيًّا هَفِيْفِيَا * اِيُ رَنُ مَزِرِ فِظُ

ظِلُ اَوْوَ[2] لَغِتِ * اِفِرَّاَوْوَغ اَبُنظَن * اِيُ ظِلُ اَوْلَعِتِ رَنُ

هَوَرَّظَبِه تُسُبِح رِّوْ مَلَيْكَ[3] * نُووُكَ ظَبِنه وَوَرِّوُ اِيُ رَنُ اُرَنْ

فُظُنِه ظَبِنه رَنُ حَيَوَانُ[4] * وُلَع يعهرِ اَرِّيًّا اَبُ * اَلَمَ اَبِنه رِّوْ

(folio 36 verso) [5]** ظَبِه رِّوْ نَيْ وِنِلُنْ مَظِ ظَنِ اِيُ اُظَيْمَكَ

نَفِّنُوْنَيْ[6] ظَبِنه وَوَنِه * طَبِ هُهُهُ اَرِّوْ رِوُ *

Ama 'azimatsi[7] valalań.

Naifa[8] hu tititsi[9] iñi valalaña. Tsi hihina vuli variko. Ambinih fandralunih tsi hu farafara[10]. Tambańunao izu valalaña

1. Pour مَسُرِّوْ *masun-dreu.*

2. Pour اَوْوَغْ.

3. Cf. le texte arabe وَ امَا ثُلُثَةٌ فِيْ السَمَا مَا ثَلَجِ مِنَ تَسُبِح المَلاَ يْكَةِ.

4. Cf. le texte arabe يَخْرُجُ مِنَ افْوَهِهِمُ مَا المَطَرِ اَصْلُهُ مِمَا الْحَيَوَانُ.

5. Cf. le texte arabe وَايَةٌ لَهُمْ الارض اَلْمَيْتَةِ اَحْيَيْنَاهَا.

6. Pour نَبِقُوْ وُ هُنَيْ.

7. C'est la prononciation malgache de l'arabe عزيمة.

8. *Nefa* en malgache moderne. La prononciation de l'*e* comme un *e ouvert* est un souvenir de l'ancienne diphtongue *ai.*

9. Cf. le malgache moderne *tititra, craquement.*

10. Cette phrase revient quatre fois au folio 34 verso : l. 3, l. 7, l. 13

tsi hihina tsi hihina ama vuli variko. Hu tsiliṅ hu tsiliṅ izu valalaṅ. Tsi hiantibu ambinih izu vuli variko. Fandralunih tsi hu farafara. Halavitsi iñi valalaṅa. Tsi handrekitri ambinih intsi vuli variko. Tua fahalavitsi ilaṅalaṅ izu laṅitsi ama tani. Tua fahalavitsi[1] ilaṅalaṅa ifiteraha ama fimandrita. Ama efirunao[2] ilaṅalaṅ izu valalaṅ ama ilaṅalaṅ izu vuli variko. Ambinih fandralunih tsi hu farafara. Hu tsiliṅa intsi valalaṅ. Hiaṅavu izu valalaṅ lezunao izaṅi zakanao avi. Ama tsi hitibu ambinih intsi vuli variko. Ambinih fandralunih tsi hu farafara. Mangaihai mangaihai ambinih zaka[3] Zaṅahari. Ama haravuã ama — folio 35 recto — vuli variko, Habiaza ama hatsara vuli variko. Hu vataṅ izu vuli variko. Ama lelana[4] hanuṅui aṅaran-dZaṅahari. Ama hamia hatsara izu vuli variko. Ama izu du'a[5] hu tuṅi ama hamia hafifi vuli variko. Ama hatumbuã izu vuli variko. Hu tumbu izu vuli variko. Ama mankaśitraki izu vuli variko. Ama hu velun izu vuli variko. Ama tariminao aovaṅ ali ama andru izu vuli variko. Ama ihanao tsih mamiaṅi izu vuli variko. Ao velun vuli variku. Ama hatsara hatsara izu vuli variko. Zaṅahari hitarimi izu vuli variko. Hitarimi izu ama reu Malaika[6] vuli variko[7]. Zaṅahari ama hanihi izu vuli variko. Ama hafifi izu vuli variko. Zaṅahari ama haṅasi intsi suratsi nifiliã Zaṅahari izu hitarimi izu vuli variko. Zaṅahari hitarimi izu vuli variko. Veluminao izu vuli — folio 35 verso

et 17. Le texte arabe est différent chaque fois : عَيْدٌ مَرَّةٌ رَعِنُ رَغَلِّي مَرَّةٌ الزَّعِيْنُ, عَيْدٌ ٱلْمَرَّتِ زَعِيْنُ. L'interprétation de ce passage reste douteuse.

1. Graphie spéciale de *fahalavitri*.

2. Litt. *mets une séparation*.

3. *Zaka* traduit l'arabe قُدْرَةٌ *puissance*.

4. Je pense que *lelana* est une erreur de graphie pour *lela*, à moins cependant que *lelana* soit le thème ancien dont *lela* serait la forme apocopée.

5. C'est l'arbe دعاء.

6. C'est l'arabe ملك ou ملاك plur. ملائكة.

7. Cette phrase doit être lue : *ama reu Malaika hitarimi izu vuli variko.*

— variko. Tumpu izañi namelumanao an-dRaBurahimi[1] sakatuvu[2] tambih afui Namurudu[3]. Ama tua izañi namelumanao ompivulañ ama RaMusa. tambinih Fira'uni[4]. Aiza hanao tumpuko veluminao izu vuli variko. Tumbinih[5] izu valalaña. Hu tsiliñ hiañavu izu valalañ. Ama tsi hu ratsi funeñ izu Andriambahuaki valalañ. Entunao izu RaManaohiañavu Andriambahuaka valalañ. Ama tsi hu ratsi ambiko lelan'izu valalañ ama molunih rui. Ama funiñi izu valalaña hu tsara fantriha izu valalañ tua fantriha izu sambu aovañi taiki. Tsi hitibu ambinih vuli variko. Aiza hanao tumpuko mifirazañ[6] intsi vuli variko tsi hihina izu valalañ. Hu taku izu tsi hihina izu valalaña. Hufihufi — folio 36 recto — masu izu valalañ. Tsi hahita izu vuli variko. ·Fehiunao[7] vava izu valalañ tsi hihina izu vuli variko. Entunao izu RaManao hu tsiliñ hiñavu iñi fiteraha ama fimandrita. Tutufinao mas un-dreu valalañ iñi izañ. Ama fo vatañ. Ama teñ hahandriandri[8]. Ama zara hahasa. Ama teñi ha... kanitrak[9] haihai ama hamia hatsara. Ama du'a hu tuiñi. Ama hamiã hafifiza. Izu ranu mazeri[10] fitu telu aovañ lañitsi. Efatri aovaña ambuni tani. Izu telu ao lañitsi ranu havandra tambih tasubiḥ[11] dreu Malaika. Nivuaka tambiñih vavan-dreu izu ranu uran futu-

1. De l'arabe ابراهيم Abraham.

2. Ce mot est tombé en désuétude. Il était usité encore au temps de Flacourt, dans la seconde moitié du XVIIe siècle.

3. De l'arabe نمرود *Noumroud.*

4. De l'arabe فرعون *Fira'oun*, Pharaon.

5. Pour *tumbinao.*

6. Pour *mifirain.*

7. Il faudrait régulièrement *fehezunao* ou mieux encore *fehezinao.*

8. Cf. le texte arabe وَقَلْبًا سًا لِمَا وَيَدَنَا صَابِرَ. *Teñ* est une traduction inexacte pour *taña*, main = يَدَنَا.

9. Ce mot est illisible par suite de l'absence de points diacritiques.

10. Le texte arabe dit seulement : اَلمَيَاه سَبَع que traduit *izu ranu fitu.*

11. De l'arabe تسباح, plur. تسبيح *chapelet, rosaire.*

nih tambinih ranu ḥaiavanu[1]. Vulañ-dZañahari Andriã ambu. Alama[2] ambinih dreu Ontai-Maka[3] izu tani mati vinelun nai tambih dreu. — folio 36 verso — Nampinuvunai[4] tambinih vavanih. Tambi huhuhu[5] an-dreu rui.

TRADUCTION

(Formule d')enchantement pour les sauterelle[6] (fol. 34 verso). Que les sauterelles soient écrasées. Qu'elles ne mangent pas ma plantation de riz. Par le *fandralunih*[7], qu'elles ne reviennent pas après avoir été détruites. Empêche les sauterelles de manger, de manger ma plantation de riz. Repousse, repousse les sauterelles, qu'elles ne s'abattent pas sur ma plantation de riz. (Par) le *fandralunih*, qu'elles ne reviennent pas après avoir été détruites. Éloigne les sauterelles, qu'elles n'approchent pas de ma plantation de riz. (Éloigne-les de ma rizière) autant que tu as éloigné le ciel de la terre, autant que tu as mis de distance entre l'endroit où se lève (le soleil) et l'endroit où il se couche[8]. Soustrais aux sauterelles ma plantation de riz[9]. Par le *fandralunih*, qu'elles ne reviennent pas après avoir été détruites. Repousse ces sauterelles. Qu'elles s'élèvent (loin de mon riz), brise-les par ton ordre. Qu'elles ne

1. De l'arabe حيوان *animal*.
2. Le sens de ce mot m'est inconnu.
3. Litt. : les gens de la Mekke.
4. Pour *nampivuahanai*.
5. Pour *huhutsu*. Les deux points du ة ont été omis dans le texte arabico-malgache.
6. Flacourt signale l'existence de documents de ce genre. « *Foutchy*, dit-il, c'est une lime qu'a Diam Mandombouc pour appeler ou chasser les sauterelles ou *Valalles*. J'en ay un semblable entre mes mains ». *Histoire de la grande isle Madagascar*, 1661, p. 193.
7. *Fandralunih* est peut-être le nom d'une amulette contre les sauterelles.
8. *Ifitiraha* et *fimandrita* sont des expressions désuètes pour désigner l'est et l'ouest.
9. Litt. : mets une séparation entre les sauterelles et mon riz.

qu'elles ne reviennent pas après avoir été détruites. Éter- s'abattent pas sur ma plantation de riz. Par le *fandralunih*, nellement, éternellement, par l'ordre de Zañahari, la joie (fol. 35 recto) et la plantation de mon riz (*sic*). Que le riz que j'ai semé augmente et se bonifie. Que le riz que j'ai semé soit sauf; ma langue répétera le nom de Zañahari. (Que Dieu) rende bon le riz de ma plantation. Que cette prière que (je) récite rende excellent le riz que j'ai semé. Que le riz que j'ai semé croisse; que le riz que j'ai semé pousse. Que (je sois) satisfait du riz que j'ai semé. Qu'il vive le riz que j'ai semé. Prends soin, (ô mon Dieu), jour et nuit, de ma plantation de riz. Et toi, (ô mon Dieu) ne comprime pas le riz que j'ai semé. Que le riz que j'ai semé vive. Que le riz que j'ai semé devienne bon. Zañahari prendra soin de ma plantation de riz. Les Anges prendront soin de ma plantation de riz. Zañahari viendra en aide à ma plantation de riz et rendra exquis le riz que j'ai planté. Zañahari, (je) respecterai cette écriture (sacrée) qui a été choisie (pour nous). Zañahari prendra soin du riz que j'ai semé. Zañahari prendra soin du riz que j'ai semé. Tu fais pousser le riz que j'ai semé (fol. 35 verso). O maître, toi qui as sauvé Abraham, ton ami fidèle, du feu de Nemrod[1], comme tu as sauvé Moïse, ton porte-parole, (de la persécution) de Pharaon, (sauve aussi ma rizière). Où es-tu, ô mon maître, qui fais naître le riz que j'ai semé? Immobilise les sauterelles. Empêche les sauterelles de s'élever (en l'air). Que le roi des sauterelles ne soit pas méchant (pour moi). Emporte Ramanaohiañavu[2], le roi des sauterelles. Qu'elles ne me soient nuisibles ni la langue, ni les lèvres des sauterelles[3]. Que les sauterelles passent sans causer de dommages (dans

1. Allusion à la persécution d'Abraham par Nemrod. Celui-ci aurait fait jeter le prophète dans un immense brasier, mais l'ange Gabriel envoyé à son secours, préserva Abraham de toute brûlure. Par l'intercession divine, le feu ardent fut changé en une brise parfumée et le bûcher en une délicieuse prairie. Cf. le Qorân II, 260 et XXI, 68-69.

2. Litt. : Celui qui fait s'élever (les sauterelles).

3. Litt. *les deux lèvres*. *Lèvres* est ici pour *bouche*.

ma rizière) comme le navire fend la mer. Qu'elles ne s'abattent pas sur le riz que j'ai planté. Où es-tu, ô mon maître, qui a pitié du riz que j'ai planté et (qui empêche) que les sauterelles ne le mangent? Que (ce riz) soit caché pour que les sauterelles ne le mangent pas. Ferme, ferme[1] (folio 36 recto) les yeux des sauterelles pour qu'elles ne voient pas le riz que j'ai planté. Lie la bouche des sauterelles pour qu'elles ne mangent pas le riz que j'ai planté. Emporte Ramanao[2] pour qu'il empêche (les sauterelles) de s'élever de l'orient et du couchant. Ferme les yeux des sauterelles. Que le cœur soit dans le salut et les mains se reposent? Le bonheur sera précieux. Le corps..... éternellement et qu'il donne le bien. A la prière, (Dieu) répondra par le don du bonheur. Il y a sept fleuves remarquables : trois dans le ciel et quatre sur la terre. Les trois fleuves du ciel sont (des fleuves) d'eau glacée (qui ont été créés) des prières des Anges. Ils sont sortis de leur bouche. L'eau de pluie (au contraire) provient de l'eau d'un animal[3]. (Telle est) la parole de Zañahari, le seigneur élevé... Pour les Mekkois, cette terre de mort (ne) l'avons-nous (pas) vivifiée pour eux? (folio 36 verso). Nous l'avons fait sortir de sa bouche et de leurs deux pieds.

1. Le malgache *hufi* me semble être l'impératif de la racine désuète *hutra, action de fermer*. Ce sens est nettement indiqué par le contexte.

2. Forme abrégée de *Ramanaohiañavu*.

3. Le scribe arabico-malgache a copié le mot de la phrase arabe حَيَوَانٌ qui signifie *animal*. حَيَوَانٌ peut se lire *ha-dzavunu* pour *an-dzavuna, des nuages*. La phrase ainsi reconstituée aurait le sens suivant: *l'eau de pluie (au contraire) provient des nuages*. Si hasardée que soit la restitution de حَيَوَانٌ en *an-dzavuna*, je n'hésite pas à la proposer en raison de l'incohérence de la première traduction.

ANGERS. — IMP. A. BURDIN ET Cie, 4, RUE GARNIER

www.ingramcontent.com/pod-product-compliance
Ingram Content Group UK Ltd.
Pitfield, Milton Keynes, MK11 3LW, UK
UKHW020950220726
13924UKWH00002B/597

9 782019 919238